AF511278

Dieses Buch gehört:

Falls gefunden, BITTE zurückgeben.

Dein Finderlohn:

ro
ro
ro

Dominik Spenst

Das 6-MINUTEN® TAGEBUCH für Kinder

Positiver & selbstbewusster durch den Tag

Rowohlt Taschenbuch Verlag

Das „6-Minuten Tagebuch für Kinder"
erschien zuerst im 6 Minuten Verlag.

7. Auflage Mai 2026

Veröffentlicht im Rowohlt Taschenbuch Verlag,
Rowohlt Verlag GmbH, Kirchenallee 19, 20099 Hamburg, April 2021
Copyright © 2021 by Rowohlt Verlag GmbH, Hamburg
Copyright © 2020 by Dominik Spenst
Die Nutzung dieses Werks für Text- und Data-Mining
im Sinne des § 44b UrhG bleibt explizit vorbehalten.
Covergestaltung Farnschläder & Mahlstedt, Hamburg
Satz aus der Futura LT
Druck und Bindung CPI books GmbH, Leck
ISBN 978-3-499-00789-7

Kontaktadresse nach EU-Produktsicherheitsverordnung:
produktsicherheit@rowohlt.de

„WER NICHT AN MAGIE GLAUBT, WIRD SIE NIEMALS FINDEN."

ROALD DAHL

Inhalt

Das ist PAULO

Er hat Sommersprossen und hasst es, seine Haare zu kämmen. Er mag Erdbeereis, Hörspiele und alles, was mit dem Weltall zu tun hat. Ach, und noch was: Paulo ist mit 6 Fingern an einer Hand auf die Welt gekommen. Das ist eine angeborene Besonderheit, die gar nicht so selten vorkommt. Deshalb passt er auch so gut zum *6-Minuten Tagebuch*. Ansonsten ist Paulo manchmal traurig und manchmal gut gelaunt – genau wie du. Er lebt bei seinem Papa, der jetzt eine neue Freundin hat. Weil die Erwachsenen oft sehr viel arbeiten müssen, haben sie nur wenig Zeit. Oft sitzen sie stundenlang in ihren Arbeitszimmern, tragen Kopfhörer und tippen in ihre Laptops. Paulo geht dann gern in den Garten. Mit Cleo, dem Mädchen aus dem Nachbarhaus, springt er dort am liebsten auf dem Trampolin. Paulos Leben ist ziemlich normal – so normal, wie das Leben eben sein kann, wenn ein kleines freches Wesen unter deinem Bett wohnt …

Das ist ...

Dreimal darfst du raten, wie dein anderer Begleiter im *6-Minuten Tagebuch* heißt. Richtig, dieser Schlingel heißt Minuti! Wie schon gesagt, lebt er unter Paulos Bett. Wo der türkisblaue Winzling herkommt und wann er ins Kinderzimmer eingezogen ist, weiß niemand so genau. Miete zahlt er jedenfalls keine. Paulo bekam einen ziemlichen Schreck, als er eines Morgens ein munteres Geschöpf mit spitzen Ohren entdeckte, das gerade gut gelaunt ein paar Liegestütze machte. Aber eigentlich erschreckt Minuti keine Kinder. Er hilft ihnen lieber aus der Patsche. Allerdings ist er manchmal ein bisschen frech und vorlaut. So ein Schlitzohr unterm Bett zu haben, ist super praktisch: Man hat nämlich immer jemanden, mit dem man eine Runde *Mensch ärgere dich nicht* oder *Schnick, Schnack, Schnuck* spielen kann.

Über mich:

Mein Name:

Mein Alter:

Meine Lieblingsmenschen:

Mein Lieblingswitz:

Ich bin:

Kreuze alles an, was zu dir passt!

Fällt dir mehr ein?

- [ ] mutig
- [ ] liebevoll
- [ ] wild
- [ ] neugierig
- [ ] lustig
- [ ] kreativ
- [ ] glücklich
- [ ] klug
- [ ] sportlich
- [ ] großzügig
- [ ] ______
- [ ] ______
- [ ] ______
- [ ] ______
- [ ] ______

Datum:

So sehe ich übrigens aus:

Klebe hier ein Foto von dir ein!

Mein Lieblingslied:

Meine Lieblingsfarbe:

Mein Lieblingsessen:

Mein Lieblingsfilm:

Mein Lieblingsbuch:

6 coole Gründe,

warum Das 6-Minuten Tagebuch gut für dich ist.

Warum lieben wir Superhelden? Weil sie Stärken und Fähigkeiten haben, die wir uns selbst auch manchmal wünschen. Zum Beispiel durch die Luft fliegen, sich an Spinnenfäden durch die Stadt hangeln oder mächtige Bösewichte verhauen. Aber welche Superkräfte gibt es eigentlich im „echten" Leben? Wahre Superkräfte sind unsichtbar und in dir selbst. Du musst sie nur entdecken und trainieren! Minuti verrät dir 6 Superkräfte, die du mit dem *6-Minuten Tagebuch* aufbauen kannst. Und das Beste daran: Dafür brauchst du nur 6 Minuten pro Tag.

1 Superkraft: Wissen

Wissen ist Macht. In diesem Tagebuch lernst du lauter coole Dinge über dich selbst. Sie werden dir in vielen Momenten deines Lebens helfen. Je besser du dich kennst, desto stärker und mutiger wirst du. Und das wirklich Tolle dabei ist, du musst dir gar nichts merken oder auswendig lernen. Es funktioniert einfach so.

2 Superkraft: Selbstvertrauen

Superhelden sind stark, sie haben aber auch ihre Schwächen. Das macht ihnen jedoch gar nichts aus. Warum? Weil sie wissen, dass jede Schwäche in eine Stärke umgewandelt werden kann. Außerdem glauben sie stets an sich selbst. Genau das lernst du in diesem Buch.

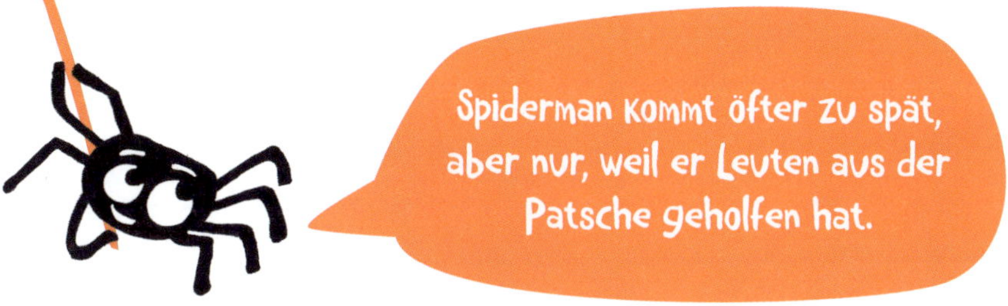

3 Superkraft: Tolle Erinnerungen

Mit diesem Buch baust du dir deine eigene Zeitmaschine. Denn die Geschichten deiner Lieblingshelden und -heldinnen kannst du immer wieder lesen und anschauen. Dein eigenes Abenteuer läuft aber nur vorwärts. Wenn du das Buch mit deinen Gedanken und Ideen gefüllt hast, kannst du es dir jederzeit wieder anschauen. So vergisst du nie, was du alles erlebt und gelernt hast, selbst wenn du erwachsen bist.

4 Superkraft: Einzigartigkeit

Anderssein ist gut. Wären wir alle gleich, gäbe es weder dich noch Minuti. In diesem Buch entdeckst du, was dich einzigartig und besonders macht, und dass du stolz darauf sein darfst … und sollst!

5 Superkraft: Gutes tun

Geteilte Freude ist doppelte Freude. Mit diesem Buch findest du heraus, wie du anderen Gutes tun kannst und so auch selbst glücklicher wirst.

6 Superkraft: Dankbarkeit

Dankbarkeit ist die vielleicht wichtigste Superkraft von allen. Denn mit ihr lernst du die ganzen tollen Dinge in deinem Leben zu bemerken und zu genießen. Egal, wie groß oder klein die sind! Dankbar sein bedeutet nicht, die schlechten Dinge zu ignorieren, sondern sich lieber auf die guten zu konzentrieren. Am Anfang ist das gar nicht so leicht. Aber mit der Zeit lernst du, in jeder Situation das Gute zu entdecken. Und so macht das Leben einfach mehr Spaß.

Bevor es losgeht:

Tipp 1: In diesem Buch machst DU die Regeln

In diesem Tagebuch gibt es kein Richtig oder Falsch, denn hier bist du der Boss. Also schreib immer genau das hinein, was du gerade denkst oder fühlst. Sei einfach, so wie du bist, denn du bist super so!

Tipp 2: Alleine ist cool, zu zweit ist cooler

Batman hat Robin, Bibi hat Tina, Tim hat Struppi und Spongebob hat Patrick. Such dir einen Verbündeten, der auch Spaß mit einem *6-Minuten Tagebuch* hätte. Egal, ob Freund, Freundin oder Erwachsener – ihr könnt Ideen austauschen oder es gemeinsam ausfüllen, denn zu zweit macht einfach alles mehr Spaß.

Tipp 3: Such dir ein Zuhause für dein Tagebuch

Genau wie du, braucht auch dein Tagebuch ein festes Zuhause. Ob auf deinem Schreibtisch, unter deiner Zahnbürste oder auf deinem Nachttisch – wähle einen Ort, an dem du jeden Tag an dein *6-Minuten Tagebuch* erinnert wirst.

Such dir eine feste Zeit zum Schreiben

Egal, ob vorm Schlafengehen oder nach dem Abendessen, versuche jeden Abend zur gleichen Zeit in dein Tagebuch zu schreiben. Irgendwann denkst du ganz automatisch daran – genauso wie ans Zähneputzen. Wenn du mal ein paar Tage auslässt, ist das auch okay! Freu dich einfach auf den nächsten Tag.

Fühle, was du schreibst

Alles, was du in dieses Buch schreibst, ist wichtig. Noch wichtiger aber ist, was du dabei fühlst. Aber warum ist das Gefühl so wichtig? Wissenschaftler haben herausgefunden, dass sich dein Gehirn gute Dinge erst dann zu 100 % merkt, wenn du sie zehn Sekunden lang richtig fühlst.

Bevor du also losschreibst: Schließe deine Augen und denke zehn Sekunden lang ganz fest an die schönen Dinge, die du aufschreiben willst. Dann füllt sich dein Kopf mit vielen guten Gedanken und das Ausfüllen macht noch mehr Spaß (versprochen!).

So füllst du dein Tagebuch aus

Jeden Tag warten drei coole Mini-Aufgaben und eine Überraschung auf dich!

1 Vielen Dank!

Schreib auf, wofür du heute dankbar bist. Das kann alles sein, das dir Freude bereitet: Menschen, Erlebnisse, du selbst, große Dinge, kleine Dinge und alles dazwischen. Auch an schlechten Tagen kannst du immer etwas finden!

2 Emojis sagen mehr als 1000 Worte

Gefühle sind zum Fühlen da. Umkreise den Emoji, der zeigt, wie du dich heute fühlst. Du kannst auch mehrere umkreisen. Falls keiner der Emojis passt, dann male rechts deinen eigenen Emoji!

3 Überraschung!

Lass dich überraschen! Egal, ob durch spaßige Herausforderungen, neue Wörter, weise Sprüche oder spannende Fragen … Hiernach bist du immer klüger oder fröhlicher als vorher.

4 Überlegst du noch oder fragst du schon?

Jedes Mal, wenn du diese coole Frage beantwortest, bekommst du mehr Mut, positive Energie und Selbstvertrauen!

Mein Tag

Datum: 04.04.2021

Wofür bin ich heute dankbar?

Es gab Spaghetti Bolognese zum Mittagessen, sooo lecker!!

Papa ist heute ein Popel aus der Nase geflogen. Wir haben uns total kaputt gelacht.

Wie fühle ich mich heute?

Was ist eigentlich … Motivation?
Wenn du unglaublich große Lust hast, etwas zu tun.

Was habe ich heute gelernt?

Sterne sind eigentlich Sonnen, nur viel weiter weg.

Mein feierliches Versprechen!

Ich, ______________________, verspreche feierlich, mein *6-Minuten Tagebuch* mit Herzblut, mutigem Verstand und ein wenig Unsinn mindestens 5 Tage lang zu nutzen!

Feierliche Unterschrift → ______________________

Male mit einem Filzstift über die Innenseite deines Daumens. Presse deinen Daumen nun hierhin:

Feierlicher Fingerabdruck → ______________________

Dein Schwur ist vollbracht! Nachdem du dein Versprechen eingelöst hast, ist das deine selbst erwählte brillante Belohnung:

Brillante Belohnung → ______________________

„Auch aus Steinen,
die dir
in den Weg
gelegt werden,
kannst du
etwas Schönes
bauen."

– Quelle unbekannt

Mein Tag

Datum:

Wofür bin ich heute dankbar?

Schreibe oder male darüber!

Wie fühle ich mich heute?

Oder male selbst einen Emoji!

Was ist eigentlich ... Einzigartigkeit?
Etwas, das dich von anderen unterscheidet und besonders macht.

Was habe ich heute gelernt?

Mein Tag

Datum:

Wofür bin ich heute dankbar?

Wie fühle ich mich heute?

Was wirklich wichtig ist:
Es ist egal, was du besitzt, wichtig ist nur, was du tust und wer du bist.

Heute bin ich stolz auf mich, weil ich …

- [ ] … jemandem geholfen habe.
- [ ] … mich richtig doll angestrengt habe.
- [ ] … aus etwas Blödem etwas Tolles gemacht habe.
- [ ]

Mein Tag

Datum:

Wofür bin ich heute dankbar?

Schreibe oder male darüber!

Wie fühle ich mich heute?

Oder male selbst einen Emoji!

Was ist eigentlich ...
Positive Psychologie?
Eine Wissenschaft, die Menschen glücklicher machen will.

Etwas Tolles, das heute passiert ist:

Mein Tag

Datum:

Wofür bin ich heute dankbar?

Wie fühle ich mich heute?

Was ist eigentlich … Fantasie?

Alles, was du in deinem Kopf erfindest.

Mit welcher magischen Fähigkeit könnte ich anderen helfen?

Mein Tag

Datum:

Wofür bin ich heute dankbar?

Schreibe oder male darüber!

Wie fühle ich mich heute?

Handfester Spaß:

Zeichne den Umriss deiner Hand auf einem Blatt oder auf einer Notizseite (S. 196) nach. Schreibe hinein, was du alles mit deinen Händen machen kannst.

Wie habe ich diese Woche jemandem geholfen?

Mein erster Erfolg!

Du hast es geschafft!

Erinnerst du dich noch an dein feierliches Versprechen von Seite 20? Du hast es vollbracht und dir deine Belohnung mehr als verdient. Genieße sie mit Stolz!

Jetzt weißt du: Wenn du dir etwas vornimmst, dann schaffst du es auch!

Das war doch ein Klacks, oder? Dann geht's geschmeidig weiter! Bleib weiterhin am Ball, fülle jeden Tag eine Seite aus und schreite mutig voran.

Minuti bleibt stets an deiner Seite und unterstützt dich als dein persönliches Schlitzohr!

Das kleine Zauberwort „NOCH“

Am Wochenende hat Paulo einen Film gesehen, in dem Artisten mit brennenden Fackeln jonglieren und Teller auf Stangen balancieren. Das fand er ziemlich cool. Also hat er sich in den Kopf gesetzt, Zirkuskünstler zu werden. Als er am Montag das Plakat einer Zirkusschule in seiner Stadt entdeckt, ist ihm sofort klar: Er will da mitmachen! Paulo nervt seinen Papa so lange, bis er ihn dort anmeldet. Er träumt schon von seiner großen Zirkus-Karriere. Am Abendbrottisch ruft er ganz überschwänglich: „Applaus, Applaus, der große Paulinio hat heute seinen Auftritt." Er trägt einen Umhang, den er aus einem Handtuch und einer Wäscheklammer gemacht hat und nimmt drei Mandarinen vom Teller. Er wirft sie in die Luft, so als wolle er jonglieren und fängt nur eine wieder auf. Die anderen beiden platschen auf die Teller, den Käse, den Kräuterquark und in das Apfelmus. „Paulo, lass das bitte", schimpft sein Papa und wischt sich das Apfelmus vom Kinn.

Auch in der Schule gibt Paulo mächtig an. „Ich werde mal ein ganz berühmter Jongleur", prahlt er vor Cleo, die auch in seine Klasse geht. „Ach ja? Das will ich sehen. Ich hab mich auch für den Zirkuskurs angemeldet", sagt Cleo und verdreht die Augen. Sie mag Angeber nicht.

Dann kommt der Tag der Trainingsstunde. Paulo ist ganz aufgeregt. Der Trainer erklärt ihm, wie man die Bälle in der richtigen Reihenfolge wirft. Cleo kann es schon ganz gut. Doch Paulo ist enttäuscht. Es will einfach nicht so klappen, wie er das in dem Video gesehen hat. Am Ende der ersten Stunde hat er es nur einmal geschafft, zwei Bälle nacheinander wieder aufzufangen. „Ich KANN das NICHT", ruft er traurig. Er stellt sich vor, wie der große Paulinio vom Publikum ausgebuht und aus dem Zirkuszelt gejagt wird.

Zum Glück gibt es Minuti. Immer wenn Paulo nicht weiter weiß, kommt er unterm Bett hervor. Er hat nämlich die Weisheit mit Löffeln gefressen. Minuti weiß, dass Kinder oft viel zu schnell aufgeben möchten. Dabei klappen neue Dinge am Anfang halt selten sofort.

„Ich hab mal eine Frage", sagt Minuti. „Bist du ein Mensch, der sprechen kann?"
„Blöde Frage", motzt Paulo.
„Und kannst du dich noch daran erinnern, wann und wie du das Sprechen gelernt hast?", fragt Minuti weiter.
„Nö", sagt Paulo.
„Konntest du denn schon sprechen, als du geboren wurdest?", bohrt Minuti weiter.
„Natürlich nicht", erwidert Paulo trotzig.
„Also kannst du heute eine sehr schwierige Sache, die du früher nicht konntest", stellt Minuti fest.

Paulo sagt nichts. Obwohl er sehr gut sprechen kann.

In dem Moment fällt Paulo das kleine Nachbarsmädchen ein, das manchmal auf dem Hof im Sandkasten spielt. Neulich hat es ihm fröhlich „Babawabawaba" zugerufen. Das Mädchen lernt gerade zu sprechen. Paulo muss lachen und ist froh, dass er schon sprechen kann. Und warum sollte er nicht auch jonglieren lernen?

Egal, ob du sprechen, Bälle fangen oder rechnen übst: Jedes Mal, wenn du etwas Neues lernst oder etwas Schwieriges versuchst, entstehen in deinem Gehirn neue Zellen. Und wenn du das Neue und Schwierige übst, bildet dein Gehirn Verbindungen zwischen diesen neuen Zellen.

Dann werden die schwierigen Sachen, die du früher nicht konntest, einfach für dich. Du kannst neue, coole Dinge im Leben machen, weil dein Gehirn sich verändert hat und gewachsen ist! Aber keine Angst, du bekommst keinen großen Kopf, diese Zellen und Verbindungen sind winzig klein. Die sind so klein, dass 100.000 von ihnen in ein Sandkorn passen.

Wissenschaftler haben herausgefunden, dass dein Gehirn nur wächst, wenn du es mit der richtigen Einstellung – also den richtigen Gedanken – fütterst. Das heißt dann „Wachstumsdenken".

STARRES DENKEN

WACHSTUMSDENKEN

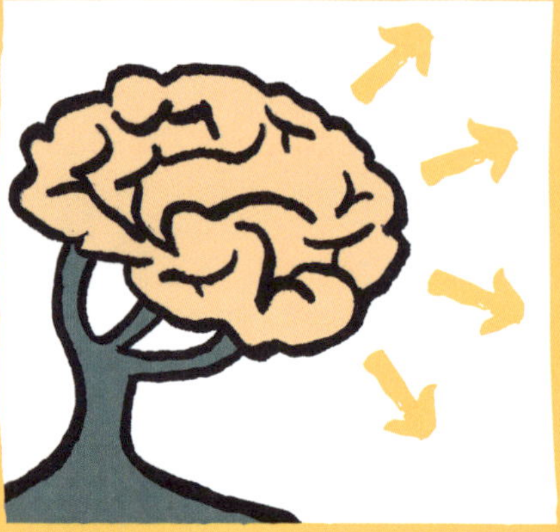

Das Wort „starr" bedeutet übrigens „steif" oder „nicht beweglich". Kinder mit einem „starren Denken" machen am liebsten nur das, was sie schon gut können. Sie probieren fast nie neue Sachen aus, weil sie Angst haben, Fehler zu machen. Deshalb lernen sie keine neuen tollen Dinge und ihr Gehirn bleibt starr, denn es wächst kaum.

Kinder mit Wachstumsdenken wissen, dass sie sich immer verbessern können. Sie denken „Ich kann das NOCH nicht, aber ich werde es lernen." Wenn diese Kinder einen Fehler machen, sind sie nicht lange traurig, weil sie wissen, dass Fehler zum Lernen dazugehören. Sie bleiben neugierig und suchen sich spannende Aufgaben. Auf diese Weise wird ihr Gehirn gut gefüttert und wächst ständig.

Deshalb lernen Kinder mit Wachstumsdenken ihr ganzes Leben lang tolle neue Sachen und so erreichen sie auch die Träume in ihrem Leben. Minuti verrät dir ein paar Tricks, damit du dein Gehirn mit den richtigen Gedanken fütterst:

STARRES DENKEN | WACHSTUMSDENKEN

Paulo hat es übrigens geschafft. Sechs Wochen lang hat er fleißig geübt. Dabei sind ihm sehr viele Bälle auf den Kopf gefallen. Aber sein Trainer hat ihm gute Tricks verraten und jetzt jongliert Paulo fast wie im Schlaf. Nun will er gerne auch noch Einradfahren lernen. Am Ende der Sommerferien lädt die Zirkusschule die Eltern und Großeltern dann zu einer Aufführung ein. Dort haben Paulo und seine Kumpeline Cleo ihren großen Auftritt. Dieses Ereignis darf sich Minuti natürlich nicht entgehen lassen und plant bereits, wie er sich heimlich ins Zirkuszelt schleichen wird …

„Das habe ich noch nie versucht. Also bin ich völlig sicher, dass ich es schaffe."

– Quelle unbekannt

So wächst dein Gehirn

Dein Gehirn wächst nur, wenn du dich anstrengst oder Herausforderungen meisterst. In dem Moment, in dem du dich durch etwas Schwieriges durchboxt, bildet dein Gehirn neue Zellen. Und dadurch wirst du immer ein bisschen besser!

Schreibe Dinge auf, die früher schwierig für dich waren und dann mit Übung viel leichter wurden. Das kann sowas sein wie Schreiben, Fahrradfahren oder Grimassenziehen.

Wir alle machen Fehler, wenn wir Neues ausprobieren! Wenn du daraus lernst, wächst dein Gehirn.

Denke an einen Fehler, den du gemacht hast. Was ist passiert? Und was hast du Gutes daraus gelernt?

Fehler sind wichtig, denn …

1. Fehler machen dich stärker und schlauer.
2. Fehler zeigen dir, was nicht funktioniert, und bringen dich so einen Schritt näher zum Erfolg.
3. Durch Fehler lernst du, wie man Lösungen findet.

Wenn Anstrengung nicht klappt …

Warum fragst du nicht einfach nach Hilfe?

Ich stecke einfach fest.

Manchmal ist noch mehr Anstrengung einfach nicht das richtige Rezept. Wenn du nicht weiterkommst, ist Nachfragen eine super Sache. Um Hilfe fragen ist kein Zeichen von Schwäche, sondern ein Zeichen von Stärke!

Womit kommst du gerade nicht weiter? → Wen kannst du um Hilfe bitten?

Wenn du schon Vieles versucht hast, ist es manchmal am besten, einfach etwas ganz Anderes auszuprobieren.

Denk an etwas, das du gerade lernst. Welchen anderen Weg könntest du versuchen? Drehe die Seite um und schreibe es auf!

Mein Tag

Datum:

Wofür bin ich heute dankbar?

Schreibe oder male darüber!

Wie fühle ich mich heute?

Was ist eigentlich … Dankbarkeit?

Wenn du nicht Danke sagen musst, sondern Danke sagen willst, weil du ein warmes, glückliches Gefühl im Bauch hast. Dieses Gefühl kannst du für Menschen, Tiere, Dinge und Erlebnisse haben.

Was habe ich heute gelernt?

Mein Tag

Datum:

Wofür bin ich heute dankbar?

Wie fühle ich mich heute?

Dein Unterricht:
Was würdest du einen Tag lang anderen Kindern in der Schule beibringen? Es müssen keine Schulfächer sein! Es kann auch ein Hobby oder ein lustiges Spiel von dir sein! Schreibe oder male es auf ein Blatt Papier.

Heute bin ich stolz auf mich, weil ich ...

- ... mich bei jemandem bedankt habe.
- ... heute etwas Neues ausprobiert habe.
- ... für meine Freunde da war.
-

Mein Tag

Datum:

Wofür bin ich heute dankbar?

Schreibe oder male darüber!

Wie fühle ich mich heute?

Altes Spielzeug für neuen Spaß:

Mit welchem Spielzeug spielst du schon lange nicht mehr? Schreib auf ein Blatt Papier, was du damit schon alles erlebt hast und verschenke das Spielzeug an ein jüngeres Kind.

Was ist mein ultimatives Lieblingsspielzeug und warum?

Mein Tag

Datum:

Wofür bin ich heute dankbar?

Wie fühle ich mich heute?

Klein, aber oho:

Mit kleinen guten Taten kannst du große Freundschaften gewinnen.

Etwas Tolles, das heute passiert ist:

Mein Tag

Datum:

Wofür bin ich heute dankbar?

Schreibe oder male darüber!

Wie fühle ich mich heute?

Was ist eigentlich ... Selbstliebe?

Wenn du zu dir selbst so liebevoll bist wie zu deinen Lieblingsmenschen. Du kümmerst dich um dich, wenn's dir schlecht geht, du verzeihst dir, wenn du etwas falsch gemacht hast, und tröstest dich, wenn du traurig bist.

Das liebe ich an mir:

„Ich hab dich lieb", sagst du zu Menschen, die dir wichtig sind. Aber bist du nicht auch wichtig für dich selbst? Warum sagst du dann nicht einfach „Ich hab MICH lieb"? Wenn andere dich lieben, macht es dich mutig und stark. Wenn du dich selbst liebst, macht es dich noch mutiger und stärker!

Mein Tag

Datum:

Wofür bin ich heute dankbar?

Schreibe oder male darüber!

Wie fühle ich mich heute?

Weise Worte:

Wenn du einen guten Rat brauchst, sprich zu dir selbst, wie du mit einem guten Freund sprechen würdest.

Wie habe ich diese Woche jemandem geholfen?

Mein Tag

Datum:

Wofür bin ich heute dankbar?

Wie fühle ich mich heute?

Wie schreibt man „Liebe"?

„Liebe schreibt man nicht. Man fühlt sie." – Pu der Bär

Was habe ich heute gelernt?

Mein Tag

Datum:

Wofür bin ich heute dankbar?

Schreibe oder male darüber!

Wie fühle ich mich heute?

Was ist eigentlich ... Akzeptanz?

Wenn jemand anders ist oder andere Sachen mag als du und es für dich vollkommen okay ist.

Was müsste ich morgen tun, damit ich stolz auf mich bin?

Mein Tag

Datum:

Wofür bin ich heute dankbar?

Wie fühle ich mich heute?

Fakt des Tages:

Pinguine können nicht fliegen wie Adler, dafür kann kein anderer Vogel so gut schwimmen wie ein Pinguin.

Etwas Schwieriges, das ich diese Woche geschafft habe:

Gute Laune auf Knopfdruck

Eine Frage: Hättest du gern für immer gute Laune? Ja! Nö.

Paulo fährt morgen mit seiner Klasse in einen Freizeitpark mit Achterbahn und Wasserrutsche. Eigentlich müsste er sich riesig freuen, denn das wollte er schon immer gern mal machen. Aber Paulo hat schlechte Laune. Er hat gerade Streit mit Leon und Jonas, zwei Jungen aus seiner Klasse. Sie ärgern ihn dauernd und behaupten, er wäre in Cleo verliebt. Er, Paulo, verliebt in ein Mädchen? Pah! Niemals!

„Das wird sicher total blöd. Am liebsten würde ich zu Hause bleiben", sagt Paulo missmutig zu Minuti, der gerade eine neue Hängematte testet. Paulo überlegt: „Ich wünschte, ich hätte *immer* gute Laune, egal was passiert."

„Wir Minutis können das", sagt der schlaue Winzling. Minuti zieht einen kleinen Kasten hinter seinem Rücken hervor. „Schau, das ist eine Gute-Laune-Fernbedienung. Du brauchst nur draufzudrücken, dann hast du sofort gute Laune."

Paulo drückt drauf. Und tatsächlich: Seine ganzen Sorgen sind wie weggeblasen! Am Abend schläft er dann gut gelaunt ein. Und am Morgen steigt er noch besser gelaunt in den Bus. Als der Bus auf der Autobahn im Stau steht, sind alle Kinder genervt. Nur Paulo lächelt, ihm macht der Stau nichts aus. An der Kasse zum Freizeitpark müssen alle lange anstehen. Die anderen Kinder langweilen sich. Nur Paulo stört das Warten nicht. Er hat ja gute Laune.

Vor der Achterbahn mit dem Looping hat Paulo eigentlich ein bisschen Angst. Cleo geht es genauso. Sie traut sich nicht einzusteigen. Eigentlich wollte sie Paulo fragen, ob er mit ihr zusammen Achterbahn fährt. Aber weil der die ganze Zeit so komisch grinst, denkt sie, er lacht sie aus und fragt ihn lieber nicht. Später beim Imbiss bewerfen Leon und Jonas Paulo mit Kaugummis, doch er lächelt, auch wenn es ihm wehtut. Leon und Jonas denken, er findet das Spiel lustig und werfen immer wilder.

Auf der Rückfahrt nach Hause sind alle Kinder müde. Auch Paulo ist erschöpft, weil der Tag so lang und aufregend war. Als der Lehrer fragt, wer einen Bericht für die Schülerzeitung schreiben will, schlafen die meisten schon. Nur Paulo schaut den Lehrer immer noch freudestrahlend an, also bekommt er Stift und Schreibblock.

Zu Hause hat Paulo die Nase voll von der dauernden guten Laune. Sie passt überhaupt nicht mehr zu der Stimmung in seinem Inneren. Er ist sauer auf Minuti, der ihm diese blöde gute Laune eingebrockt hat. Doch

Paulo kann nicht wütend werden, weil er immer noch von einem Ohr zum anderen grinsen muss.

Minuti sagt: „Auch blöde Gefühle sind zu etwas gut, obwohl sie uns oft nerven. Sie sorgen zum Beispiel dafür, dass andere merken, wie es dir gerade geht. Stell dir vor, du würdest dich nie schlecht fühlen. Dann würdest du gar nicht merken, wenn du dich richtig gut fühlst. Gute Laune wäre nichts Besonderes mehr."

Natürlich gibt es auch noch viele Gefühle dazwischen: Manchmal sind wir nicht richtig traurig, sondern nur ein bisschen enttäuscht. Ein paar Sekunden später können wir schon wieder lächeln. Gefühle können ganz schön verwirrend sein. Das geht übrigens allen Menschen so: deinen Freundinnen und Freunden, deinen Lehrern und auch allen anderen Erwachsenen.

Wichtig ist vor allem eins: Wenn du verstehst, dass auf schlechte Gefühle immer wieder gute folgen, dann lebt es sich viel leichter. „Und keine Sorge, Paulo. Die Wirkung der Gute-Laune-Fernbedienung hält nur einen Tag an. Morgen fühlst du dich wieder normal", verspricht Minuti, schlüpft unters Bett und lässt den ärgerlich-fröhlich-verwirrten Paulo für heute einfach stehen.

Ohne Traurigkeit keine Freude.

Ohne Angst keinen Mut.

Ohne Süß kein Sauer.

Ohne Dunkel kein Hell.

Ohne Müdigkeit keine Lust auf Abenteuer.

Ohne Weinen kein Lachen.

So sehe ich aus, wenn ich mich mies fühle:

Das macht mich traurig:

Schreibe es in die Sprechblasen!

Das macht mich wütend:

Das macht mich glücklich:

Das bringt mich zum Lachen:

So sehe ich aus, wenn ich mich super fühle:

Male!

Mein Tag

Datum:

Wofür bin ich heute dankbar?

Schreibe oder male darüber!

Wie fühle ich mich heute?

Was ist eigentlich … Gemütlichkeit?

Wenn du so bequem liegst wie auf Zuckerwatte und gar nicht mehr aufstehen willst.

Etwas Tolles, das heute passiert ist:

Mein Tag

Datum:

Wofür bin ich heute dankbar?

Wie fühle ich mich heute?

Gut gesagt:

„Wenn du etwas erreichen willst, lies so viel, wie du nur kannst."
– Roald Dahl in „Matilda"

Heute bin ich stolz auf mich, weil ich …

- … jemandem ein Kompliment gemacht habe.
- … etwas gemacht habe, das mich glücklich macht.
- … etwas aus einem Fehler gelernt habe.
-

Mein Tag

Datum:

Wofür bin ich heute dankbar?

Schreibe oder male darüber!

Wie fühle ich mich heute?

Was ist eigentlich ... Mut?

Wenn du etwas tust, das du für richtig und wichtig hältst, obwohl du Angst davor hast.

Was macht mich mutig?

Mein Tag

Datum:

Wofür bin ich heute dankbar?

Wie fühle ich mich heute?

Weise Worte:

Mut ist nicht, keine Angst zu haben, sondern es trotz der Angst zu tun.

Was habe ich heute gelernt?

Mein Tag

Datum:

Wofür bin ich heute dankbar?

Schreibe oder male darüber!

Wie fühle ich mich heute?

Warme Worte:

„Wenn das Herz nur warm ist und schlägt, wie es schlagen soll, dann friert man nicht." – Astrid Lindgren, „Pippi in Taka-Tuka-Land"

Etwas Schwieriges, das ich diese Woche geschafft habe:

Wofür bist du dankbar?

- ☐ … dass ich schnell Fahrradfahren kann
- ☐ … wenn mir jemand etwas Cooles beibringt
- ☐ … für Brausepulver
- ☐ … für meine flauschige Bettdecke
- ☐ … für heißen Kakao
- ☐ … für verspielte Hunde
- ☐ … wenn jemand mit mir spielt

Dankbar sein kannst du für alles, was dir Freude bereitet. Alle großen und kleinen Dinge und auch alle Dinge dazwischen.

Deine Knotenreise

Wie binden wir Sachen fest, die wir nicht verlieren wollen? Richtig, mit einem Knoten!

1. Schreibe 3 Dinge auf, für die du richtig dankbar bist.

1.

2. Nimm dir eine Schnur und mache 3 Knoten hinein.

3. Lies noch mal Tipp 5 auf Seite 17. Danach blätterst du wieder auf diese Seite.

4. Schließe die Augen und spüre den 1. Knoten. Stell dir die erste Sache, für die du dankbar bist, 10 Sekunden lang vor. Je deutlicher du sie siehst und fühlst, umso fester bindest du sie an dich.

5. Lasse deine Finger weiter zum 2. Knoten rutschen. Fühle wieder tief in dich hinein und genieße das Gefühl.

6. Reise mit deiner Hand zum letzten Knoten. Binde auch hier das Gefühl ganz fest an dich. Nun hast du deine Glücksmomente voller Dankbarkeit fest in dir verankert!

Mein Tag

Datum:

Wofür bin ich heute dankbar?

Schreibe oder male darüber!

Wie fühle ich mich heute?

Ein Danke zum Frühstück:

Schreibe heute Abend auf eine Karte, wofür du einem Lieblingsmenschen Danke sagen möchtest. Übergib die Karte deinem Lieblingsmenschen als Überraschung oder lies sie vor.

Wie habe ich diese Woche jemandem geholfen?

Mein Tag

Datum:

Wofür bin ich heute dankbar?

Wie fühle ich mich heute?

Probier's mal mit Umwegen:

Wenn du keinen Weg findest, trample einen neuen.

Welche Superkraft wünsche ich mir für alle Menschen auf der Welt? Warum wäre das gut?

Mein Tag

Datum:

Wofür bin ich heute dankbar?

Schreibe oder male darüber!

Wie fühle ich mich heute?

Ich bin da und nehme wahr.

Was ist eigentlich ... Achtsamkeit?

Wenn du etwas siehst, riechst oder fühlst ohne zu denken, dass es gut oder schlecht ist.

Was müsste ich morgen tun, damit ich stolz auf mich bin?

Mein Tag

Datum:

Wofür bin ich heute dankbar?

Wie fühle ich mich heute?

Sei achtsam wie Spiderman!

Stell dich mit deinem Gesicht zur Wand, berühre sie mit beiden Handflächen und spüre, wie sie sich anfühlt. Reibe zehn Mal mit den Händen an der Wand auf und ab. Wie fühlen sich deine Hände an, wenn du sie von der Wand nimmst?

Etwas, das ich an mir liebe:

Was ist noch mal Selbstliebe? **Schau auf Seite 45.**

Mein Jetzt

Diese Emojis zeigen, wie ich mich gerade fühle:

Oder male deine eigenen Emojis!

Mein Bald

Am Ende dieses Buches kann ich:

Schnorcheln!

Jeden Tag ein bisschen besser!

Was noch?

Ich schaffe alles, was ich lernen will, weil ich …

- [ ] clever
- [ ] energiegeladen
- [ ] geduldig
- [ ] selbstbewusst
- [ ] neugierig
- [ ] motiviert
- [ ] einfallsreich
- [ ] aufmerksam
- [ ] lustig
- [ ] fleißig
- [ ] geschickt
- [ ] mutig
- [ ] ____________
- [ ] ____________
- [ ] ____________
- [ ] ____________

… BIN!

Im Land der Gleichen

Eine Frage: Wünschst du dir manchmal, genauso zu sein wie andere Kinder aus deiner Schule?

Ja!

Nö!

„Mannooo!", grunzt Paulo, während er sein Gesicht ins Kopfkissen drückt. „Ich hasse meine Sommersprossen! Und meine dünnen Arme! Und ganz besonders meinen sechsten Finger! Außerdem muss keiner in meiner Klasse sein Zimmer mit einem Minuti teilen! Warum bin ich nicht genauso wie die anderen Kinder?!"

Minuti legt seinen Kopf schief und sagt: „Komm, lass uns eine Reise ins *Land der Gleichen* machen. Dort habe ich früher mal ein paar Monate gelebt, nachdem ich das Minuti-Land verlassen hatte." Mit einem Fingerschnippen katapultiert Minuti die beiden auf einen fernen Planeten am Ende des Universums, hinten links.

Im *Land der Gleichen* sind alle gleich. Alle sind gleich groß und haben die gleiche Augenfarbe (lila), alle können halbwegs gut kochen und alle sind Meister im Purzelbaumschlagen. Keiner weiß jedoch, wie großartig sie im Purzelbaumschlagen sind. Denn alle machen ja haargenau die gleichen Purzelbäume. Nur wenn irgendjemand schlechter purzeln würde, könnten sie sich vergleichen und dabei feststellen, dass sie selbst wahre Meister sind.

Im *Land der Gleichen* haben alle die gleichen Stärken und Schwächen, und alle haben die gleichen Interessen und Vorlieben. Alle

mögen Erdbeeren, aber keiner mag es, Erdbeeren zu pflücken. Alle lieben es, selbst Musik zu machen, aber keiner will sie sich anhören. Alle lieben es, Fahrrad zu fahren. Aber weil keiner alte Fahrräder reparieren kann, gibt es leider kein funktionstüchtiges Fahrrad mehr im *Land der Gleichen*.

Als *die Gleichen* Paulo und Minuti erblicken, wie sie ungelenk vom Himmel purzeln, sind sie alle gleichermaßen erschrocken. Doch dann kommen sie neugierig näher.

Paulo fühlt sich völlig fehl am Platz. Wie gemein von Minuti, ihm seine Andersartigkeit so unter die Nase zu reiben!

Dennoch nimmt er die Einladung zu einem Rundgang an. Mit großer Freude pflückt er die saftigen Erdbeeren, die völlig unberührt auf den Feldern wachsen. Zum Dank spielen ihm *die Gleichen* ihre Lieblingslieder vor. Dabei musizieren sie mit noch mehr Freude als sonst, weil sie endlich ein Publikum haben. Paulo merkt, wie sehr er sich von *den Gleichen* unterscheidet und wie wunderbar er gerade deswegen zu ihnen passt.

Da kommt auf einmal *eine Gleiche* auf ihn zu und fragt: „Sehen bei dir zu Hause alle so aus wie du?"

„Nö", sagt Paulo, „ganz im Gegenteil. Bei uns sehen alle Leute unterschiedlich aus: groß, klein, dick, dünn, dunkle Haare, helle Haare, ohne Haare, Ringe in der Nase … Kein Mensch sieht aus wie der andere. Ich zum Beispiel habe an einer Hand 6 Finger. Und auch sonst kenne ich niemanden, der so ist wie ich."

In dem Moment fällt Paulo auf, wie unsinnig es war, sich mit anderen Kindern zu vergleichen. Denn jeder Mensch ist auf seine Weise einzigartig. Die Gleiche strahlt ihn an und sagt: „Wenn ich groß bin, will ich so sein wie du." Lachend antwortet Paulo: „Nein, lass das lieber! Mich gibt es ja schon …"

Das macht mich einzigartig

Schreibe in jeden Stern eine kleine oder große Sache, die dich besonders macht:

Meine Zahnlücke

Ich bin frech,
aber trotzdem
immer lieb.

Meine Wohlfühlinsel

Male deine Insel, auf der du komplett du selbst sein kannst. Welche Tiere und Gegenstände würdest du mitnehmen? Welche Pflanzen würden da wachsen? In wessen Gegenwart fühlst du dich wohl?

Mein Tag

Datum:

Wofür bin ich heute dankbar?

Schreibe oder male darüber!

Wie fühle ich mich heute?

Was ist eigentlich … Authentizität?

Wenn du nicht darüber nachdenkst, was andere von dir denken und das tust, was du tun möchtest, ohne dich zu verstellen oder zurückzuhalten.

Was habe ich heute gelernt?

Mein Tag

Datum:

Wofür bin ich heute dankbar?

Wie fühle ich mich heute?

Merk ich mir:

„Geradeaus kommt man manchmal nicht sehr weit."
– Antoine de Saint-Exupéry, „Der Kleine Prinz"

Heute bin ich stolz auf mich, weil ich ...

- [ ] ... jemandem geholfen habe.
- [ ] ... mich richtig doll angestrengt habe.
- [ ] ... aus etwas Blödem etwas Tolles gemacht habe.
- [ ] ______________________________

Mein Tag

Datum:

Wofür bin ich heute dankbar?

Schreibe oder male darüber!

Wie fühle ich mich heute?

Was ist eigentlich … Nachhaltigkeit?

Wenn deine Großeltern etwas bauen, das so lange hält, dass du es auch noch nutzen kannst, wenn du so alt bist wie sie. Oder wenn sie im Wald Früchte pflücken, aber genug für die Tiere übrig lassen.

Etwas Tolles, das heute passiert ist:

Mein Tag

Datum:

Wofür bin ich heute dankbar?

Wie fühle ich mich heute?

Groß und Klein muss spaßig sein:
Wenn du das nächste Mal mit älteren Menschen zusammen bist, frage sie, was sie fröhlich gemacht hat, als sie so alt waren wie du. Macht gemeinsam eine Sache, die ihnen damals Spaß gemacht hat, damit auch sie sich wieder wie Kinder fühlen.

Was möchte ich richtig gut können, wenn ich groß bin?

Mein Tag

Datum:

Wofür bin ich heute dankbar?

Schreibe oder male darüber!

Wie fühle ich mich heute?

Das erste Mal:

Wann hast du das letzte Mal etwas zum ersten Mal gemacht? Was hast du daraus gelernt? Schreibe es auf ein Blatt Papier. Dann drehe das Blatt um und schreib auf die Rückseite, was du nächste Woche neu ausprobieren willst!

Etwas Schwieriges, das ich diese Woche geschafft habe:

Merk ich mir:

„Denken ist die Zauberei des Geistes."

– Lord Byron (1788 – 1824)

Mein Tag

Datum:

Wofür bin ich heute dankbar?

Schreibe oder male darüber!

Wie fühle ich mich heute?

Was ist eigentlich … Meditation?

Wenn du ganz ruhig sitzt, deinen Körper spürst und die restliche Welt auf Pause stellst.

Wie habe ich diese Woche jemandem geholfen?

Mein Tag

Datum:

Wofür bin ich heute dankbar?

Wie fühle ich mich heute?

Meditations-Trampolin:

Leg dich auf den Rücken, mit deinem Lieblingsspielzeug auf dem Bauch. Atme jetzt 10 Mal tief ein und aus und beobachte, wie dein Spielzeug hoch und runter geht – wie auf einem Trampolin in Zeitlupe.

Was habe ich heute gelernt?

Mein Tag

Datum:

Wofür bin ich heute dankbar?

Schreibe oder male darüber!

Wie fühle ich mich heute?

Ein kleiner Unterschied:
Du kannst heute jemandem einen Grund zum Lächeln geben.

Was müsste ich morgen tun, damit ich stolz auf mich bin?

Mein Tag

Datum:

Wofür bin ich heute dankbar?

Wie fühle ich mich heute?

Ein kostenloses Geschenk:

„Warte nicht, bis die Menschen dich anlächeln. Zeige ihnen, wie es geht.“ – Quelle unbekannt

Das liebe ich an mir:

Meine Stärken

Was kann ich besonders gut?

Plappern!

Schlafen!

6 Finger und ein Loch im Krug

Paulo kommt heute traurig von der Schule nach Hause. „Ach, im Sportunterricht geben wir uns nach jeder Übung immer High Fives", erzählt er Minuti, der gerade den Kaktus im Kinderzimmer gießt. „Manche Kinder sagen dann zu mir: „Mit dir schlage ich nicht ein. Du kannst keine High Fives geben, du hast ja 6 Finger." Manchmal nennen sie mich auch „Mutant" oder „Freak" und lachen mich aus."

Minuti schaut Paulo mitfühlend an: „Aber es hat doch auch seine guten Seiten, dass du mit 6 Fingern geboren wurdest".

„Nein, das ist einfach nur ultra blöd!", ärgert sich Paulo. „Andere Kinder machen Witze darüber, und ganz bestimmt wird sich deshalb niemals jemand in mich verlieben!"

„Hey, da fällt mir eine Geschichte ein", ruft der blaue Winzling. „Als ich noch im Reich der Minutis lebte, also vor langer, langer Zeit, war ich Wasserträger von Beruf. Ich ging jeden Morgen zum Fluss hinunter, füllte dort zwei Krüge und trug sie an einer Stange eine Stunde lang bis zum Haus des Minuti-Königs. Einer der beiden Krüge hatte aber ein kleines Loch. Deshalb war in diesem Krug immer nur noch die Hälfte des Wassers übrig, wenn ich beim König ankam. Ich brachte ihm also jeden Tag einen vollen und einen halb vollen Krug.

Eines Tages fiel mir auf, dass der Krug mit dem Loch sich immer rötlich färbte, wenn wir uns dem Haus des Königs näherten. Also fragte ich ihn:

Da begann der Krug bitterlich zu weinen und antwortete unter Tränen: „Ach, ich schäme mich so sehr! Es ist so furchtbar! Jeden Tag füllst du uns zwei Krüge mit Wasser. Doch ich bin nur halb so gut wie der andere Krug. Ich habe ein Loch. Deswegen kannst du dem Minuti-König weniger Wasser bringen. Statt zwei vollen Krügen lieferst du nur eineinhalb Krüge ab."

Ich wollte den Krug trösten und fragte ihn: „Sag mal, hast noch nie die wunderschönen Blumen am Wegesrand gesehen? Achte mal darauf, wenn wir zum Fluss zurückgehen."

Tatsächlich! Die Farbenpracht der Blumen freute den löchrigen Krug ein bisschen. Doch gleich darauf war er wieder niedergeschlagen und lief rot an wie eine Tomate: „Was helfen mir schöne Blumen, wenn ich ein Loch habe?"

Da meldete sich der andere Krug zu Wort:

„Genau", rief ich. „Ich habe nämlich Blumensamen gesammelt und sie auf deiner Seite des Weges ausgestreut. Jedes Mal, wenn wir zum König gehen, gießt du die Blumen mit dem Wasser, das aus deinem Loch tropft. Darum wachsen sie so gut. Jeden Tag pflücke ich nun Blumen und schmücke damit den Tisch des Minuti-Königs. Und diese ganze Schönheit ist nur entstanden, weil du einen Sprung in der Schüssel hast."

„Siehst du, du kannst mir also doch das Wasser reichen. Der König freut sich nämlich über die Blumen fast noch mehr als über das Wasser!", sagte der perfekte Krug zu dem Krug mit Loch."

Jetzt war der Krug der glücklichste Wasserkübel auf der Welt. Er verstand, dass auch er etwas zum Glück der Welt beitrug, und war so hibbelig vor Freude, dass er gleich noch etwas mehr Wasser auf die herrlich blühenden Blumen verschüttete. Sein Loch machte am Ende nicht nur den König, sondern auch ihn selbst glücklich. Seine Schwäche war in Wahrheit eine große Stärke.

„Genau so ist es bei dir, Paulo. Hast du dich mal gefragt, warum du so gut Klavier spielen kannst?"

Paulo strahlt und streckt stolz seinen sechsten Finger in die Höhe.

„Stimmt, wegen meiner 6 Finger!" Paulo ist nun gar nicht mehr so missmutig. „Deshalb bin ich auch so gut bei Videospielen!"

„Siehst du", grinst Minuti. „Und übrigens: Immer, wenn du im Musikunterricht Klavier spielst, schaut dich Cleo mit leuchtenden Augen an. Schon gemerkt?"

Ob du es glaubst oder nicht:

Paulo ist gar nicht so seltsam, wie du vielleicht denkst. Allein in Deutschland leben fast 200.000 Menschen mit 6 oder mehr Fingern an einer Hand. Das sind ungefähr so viele Menschen, wie in einer mittelgroßen Stadt leben. Diese zusätzlichen Finger können oft genauso gut bewegt und gesteuert werden wie die anderen. Deshalb bringt dies häufig sogar Vorteile. Zum Beispiel kann man sich die Schuhe mit nur einer Hand zubinden.

Fantasie bringt dich überall hin, wo du willst.

Schreibe deine Schwächen in die Scherben:

1.

2.

3.

4.

Schreibe in die Blumen, wie du diese Schwächen in Stärken umwandeln kannst:

1.

2.

3.

4.

Fehlergarten

Fehler sind zum Lernen da. Schreibe in die Wurzeln, welche Fehler du schon gemacht hast. Was hast du daraus gelernt? Schreibe es in die daraus wachsenden Blumen.

Die schönsten
Fehlerblumen!

Mein Tag

Datum:

Wofür bin ich heute dankbar?

Wie fühle ich mich heute?

Weise Worte:

„Denn Zeit ist Leben. Und das Leben wohnt im Herzen."
– Michael Ende in „Momo" *

Was habe ich heute gelernt?

* Michael Ende: Momo © 1973, 2018 Thienemann in der Thienemann-Esslinger Verlag GmbH, Stuttgart

Mein Tag

Datum:

Wofür bin ich heute dankbar?

Wie fühle ich mich heute?

Zu schwierig? Gibt's nicht!

Wenn dir etwas zu groß oder zu schwierig erscheint, überlege dir, wie du es in kleine Happen aufteilen kannst. Minuti baut zum Beispiel einen Tempel des Unsinns und beginnt damit, die erste Wand aus einzelnen Klopapierrollen zu bauen.

Heute bin ich stolz auf mich, weil ich …

- … mich bei jemandem bedankt habe.
- … heute etwas Neues ausprobiert habe.
- … für meine Freunde da war.
-

Mein Tag

Datum:

Wofür bin ich heute dankbar?

Schreibe oder male darüber!

Wie fühle ich mich heute?

Merk ich mir:

„Jedes Lächeln, das du aussendest, kehrt doppelt zu dir zurück."
– Quelle unbekannt

Etwas Tolles, das heute passiert ist:

Mein Tag

Datum:

Wofür bin ich heute dankbar?

Wie nennt man ein Rudel Wölfe? … Wolfgang

Wie fühle ich mich heute?

Sauer macht lustig!

Schaue in einen Spiegel und beiße genüsslich in eine halbierte Zitrone. Male deinen Gesichtsausdruck, den du beim Hineinbeißen hattest, auf einem Blatt Papier nach.

Wie würde ein Bonbon schmecken, das mich immer zum Lachen bringt?

Mein Tag

Datum:

Wofür bin ich heute dankbar?

Schreibe oder male darüber!

Wie fühle ich mich heute?

Was ist eigentlich … eine Gewohnheit?

Etwas, das du schon so oft gemacht hast, dass du gar nicht mehr darüber nachdenken musst, um es zu tun. So wie Suppe schlürfen, Zähne putzen oder dich im Bett zudecken.

Etwas Schwieriges, das ich diese Woche geschafft habe:

Spruch des Tages:

„Die Leute sagen „Nichts ist unmöglich", aber ich mache jeden Tag nichts."

– Pu der Bär
(Bär aus einem Disney-Film, der Honig liebt)

Mein Tag

Datum:

Wofür bin ich heute dankbar?

Schreibe oder male darüber!

Wie fühle ich mich heute?

Was ist eigentlich … Glück?

Wenn du nicht viele Sachen brauchst, um lachen zu können.

Wie habe ich diese Woche jemandem geholfen?

Mein Tag

Datum:

Wofür bin ich heute dankbar?

Wie fühle ich mich heute?

Ich hab's! Zum Glück!

Was benutzt du wirklich jeden Tag? Nimm dir jetzt 1 Minute Zeit und stell dir vor, du hättest das alles nicht mehr. Wie fühlt sich das an? Ist es nicht großartig, diese Sachen in deinem Leben zu haben?

Was habe ich heute gelernt?

Mein Tag

Datum:

Wofür bin ich heute dankbar?

Schreibe oder male darüber!

Wie fühle ich mich heute?

Wie ich dir, so du mir:
Sei so, wie du dir wünschst,
dass deine Freunde sind.

Was müsste ich morgen tun, damit ich stolz auf mich bin?

Mein Tag

Datum:

Wofür bin ich heute dankbar?

Wie fühle ich mich heute?

Weise Worte:

Ein guter Gedanke macht froh, erst recht eine gute Tat.
– Peter Rosegger (Österreichischer Wald-Dichter & ewiger Wanderer)

Etwas, das ich an mir liebe:

Der Bumerang der Guten Taten

In Paulos Klasse gibt es eine neue Schülerin. Sie heißt Samira und kommt aus Syrien. Samira spricht noch nicht gut Deutsch und kann sehr schlecht lesen. Als Paulo daran denkt, wie er selbst lesen gelernt hat, erinnert er sich daran, dass ihm das Üben mit Comic-Heften immer viel Spaß gemacht hat. Ob er Samira ein paar Hefte aus seiner Comic-Sammlung schenken soll? Doch Paulo hängt ziemlich an seinen Comics. Am Abend bespricht er das Ganze mit Minuti.

„Samira wird schon lesen lernen", sagt Paulo. „Ich muss ihr doch dafür eigentlich nicht extra meine Comic-Hefte schenken. Dafür gibt es ja Schulbücher, oder?"

„Mach es trotzdem", ruft Minuti, der gerade eine Spinne eingefangen hat und sie zum Fenster hinauslässt. „Gutes tun tut allen gut!" Mehr hat der blaue Winzling zu diesem Thema nicht zu sagen.

Samira ist echt überrascht, als Paulo ihr am nächsten Tag ein paar Asterix- und Lucky Luke-Hefte mitbringt. Zum ersten Mal fühlt sie sich in der neuen Schule richtig wohl. Gut gelaunt macht sich Samira

nach der Schule auf den Nachhauseweg. Auf der Straße sieht sie einen Mann, der gerade eine schwere Einkaufstasche aus seinem Auto hebt. Dabei bemerkt er nicht die kleine Plastikkarte, die aus seiner Hosentasche auf die Straße rutscht. Nur Samira fällt es auf. Doch soll sie den fremden Mann einfach so ansprechen?

Samiras Herz klopft vor Aufregung ganz schnell. Da geht er auch schon auf einen Hauseingang zu. Gleich ist er an der Tür, dann ist er verschwunden … Samira nimmt all ihren Mut zusammen. Sie hebt die Karte vom Boden auf und rennt ihm nach. „Warten Sie, Sie haben was verloren …", ruft sie.

Der Mann, dem die Karte gehört, heißt Herr Lorenz. Er freut sich riesig, denn das ist nicht irgendeine Karte, sondern seine Kreditkarte. Morgen fährt er in den Urlaub, und ohne diese Karte zu verreisen ist total unpraktisch. Jetzt fühlt sich auch Herr Lorenz richtig gut. Am selben Tag macht er noch einen Spaziergang. Ein paar Häuser weiter trifft er auf eine alte Dame, die sich gerade mit einem Postboten streitet. „Wie soll ich dieses riesige Paket nur alleine in den dritten Stock tragen?", ruft sie ganz außer sich.
„Wir liefern nur bis zur Haustür", antwortet der Postbote mürrisch. „Das steht im Kleingedruckten."
Da mischt sich Herr Lorenz ein: „Warten Sie, ich helfe Ihnen."

Die alte Dame lächelt selten, aber heute tut sie es. Später am Nachmittag bemerkt sie den Jungen von nebenan, der traurig auf dem Gehweg sitzt. Eigentlich mag sie ihn nicht besonders, denn sie findet, er macht oft so viel Lärm wie ein ganzes Fußballstadion, wenn er auf dem Nachbarhof seine Tore schießt. Manchmal klettert er sogar über den Zaun, um seinen Ball zu holen, der öfter mal in ihren Blumenbeeten landet. Und Kirschen hat er auch schon bei ihr geklaut. Heute aber ist die alte Dame fröhlich und dankbar. Also geht sie zu dem Jungen und fragt ihn: „Was ist denn los?"

„Ich habe meinen Schlüssel vergessen, und meine Eltern kommen später heim", klagt der Junge. Da fällt der alten Dame eine Lösung ein. „Komm, du darfst durch meinen Garten gehen und von dort aus über den Zaun klettern. Dann kannst du bei euch im Hof Fußball spielen, bis deine Eltern kommen. Und Kirschen darfst du dir auch pflücken", sagt sie freundlich. Plötzlich sieht der Junge mit den Sommersprossen sehr erleichtert aus und freut sich riesig.

Am Abend erzählt Paulo Minuti: „Stell dir vor, die alte Dame von nebenan, die sonst immer so viel meckert, hat mir heute geholfen. Sie hat mir Kirschen geschenkt und mich über ihren Zaun klettern lassen."

„Siehst du, sag ich doch", freut sich Minuti und lächelt. „Gutes tun tut allen gut."

Wünschst du dir auch, dass Menschen freundlich zueinander sind und dir in schwierigen Momenten helfen? Dann fang am besten selbst damit an.

Gutes tun kann man auf viele verschiedene Arten:

Der Inder Jadav Payeng lebt auf Majuli, der größten Flussinsel der Welt, im Norden Indiens. Dort sind 140.000 Menschen zu Hause. Leider spülten die Wassermassen des Flusses Brahmaputra in den vergangenen Jahren fast die Hälfte der Insel fort. Wenn Land am Ufer großer Gewässer weggespült wird und verloren geht, nennt man das Erosion. Jadav war 16 Jahre alt, als ihm als Einziger die Rettung für die Insel einfiel: Bäume müssten gepflanzt werden. Ihre Wurzeln würden das Erdreich stabil und widerstandsfähiger gegen die Flut machen.

Also machte sich Jadav ans Werk. Fast 40 Jahre lang pflanzte und pflegte er jeden Tag einen Baum und schützte sie gegen gierige Holzfäller. Der allein von ihm gepflanzte Wald ist heute ungefähr so groß wie 800 Fußballfelder. Der Bumerang der guten Taten, den er selbst in die Welt hinausgeschickt hat, kam zu ihm zurück und rettete nicht nur sein eigenes Zuhause, sondern auch das seiner Familie und seiner Freunde. Dafür sind sie ihm bis heute dankbar. Wo einst kahles Ödland war, hat er außerdem auch einen neuen Lebensraum für viele Nashörner, Tiger und Elefanten geschaffen.

Du für mich

Es heißt Freundschaft, weil ……

Wer hat mir diese Woche etwas Gutes getan?

Wie hat die Person das geschafft?

Wer hat mir diese Woche geholfen?

Wie hat diese Person mir geholfen?

DANKE!

Ich für dich

Wem will ich diese Woche etwas Gutes tun?

Wie könnte ich dieser Person etwas Gutes tun?

Wem will ich diese Woche helfen?

Wie könnte ich dieser Person helfen?

Das schätze ich

an mir:

Das schätze ich an dir:

Name: ____________________

IDEE:

Notiere auf kleinen Zetteln nette Botschaften für einen Menschen, den du sehr magst. Sammele sie in einem Briefumschlag und schicke diesen Brief ohne Absender ab!

Mein Tag

Datum:

Wofür bin ich heute dankbar?

Schreibe oder male darüber!

Wie fühle ich mich heute?

Was ist eigentlich ... Empathie?
Wenn du erkennst, ob jemand traurig oder glücklich ist, und verstehst, wie du wie du ihn oder sie trösten oder zum Lachen bringen kannst.

Was habe ich heute gelernt?

Mein Tag

Datum:

Wofür bin ich heute dankbar?

Wie fühle ich mich heute?

Wahre Helden:

„Träume und Gedanken kennen keine Schranken."

– Deutsches Sprichwort

Heute bin ich stolz auf mich, weil ich ...

- ... jemandem ein Kompliment gemacht habe.
- ... etwas gemacht habe, das mich glücklich macht.
- ... etwas aus einem Fehler gelernt habe.
-

Mein Tag

Datum:

Wofür bin ich heute dankbar?

Schreibe oder male darüber!

Wie fühle ich mich heute?

Tipp des Tages:

Bedanke dich für jeden Fehler. Er zeigt dir, wie du etwas anders machen kannst.

Etwas Tolles, das heute passiert ist:

Mein Tag

Datum:

Wofür bin ich heute dankbar?

Wie fühle ich mich heute?

Minuti fragt:

Wie kann ich Jemandem helfen, wenn alle anderen gemein sind?

Mein Tag

Datum:

Wofür bin ich heute dankbar?

Schreibe oder male darüber!

Wie fühle ich mich heute?

Das Leben lacht mit:

Aus Fehlern zu lernen verbessert den Alltag. Über Fehler zu lachen verbessert das Leben.

Etwas Schwieriges, das ich diese Woche geschafft habe:

Spruch des Tages:

„Wenn du mit dir selbst über dich lachen kannst, hast du immer einen Grund zum Lachen."

– Giang Pham

Ich über mich

Beantworte diese Fragen ganz für dich allein.

Welche drei Sachen mag ich besonders an mir?

1. ______

2. ______

3. ______

Was kann ich besser als andere?

Was möchte ich später werden?

______

, weil ______

______

Du über mich

Verdecke die linke Seite mit einem Papier. Frage einen Menschen, den du gern hast, ob er diese Seite für dich ausfüllen möchte.

Welche drei Sachen magst du besonders an ____________ ?

1. ____________________
2. ____________________
3. ____________________

Was kann ____________ besser als andere?

Was möchte ____________ später werden?

____

→ , weil ____________________

____

Mein Tag

Datum:

Wofür bin ich heute dankbar?

Schreibe oder male darüber!

Wie fühle ich mich heute?

Lach lauter!

„Die Dinge, die mich anders machen, sind die Dinge, die mich ausmachen."
– Pu der Bär

Wie habe ich diese Woche jemandem geholfen?

Mein Tag

Datum:

Wofür bin ich heute dankbar?

Wie fühle ich mich heute?

Weise Worte:

Wenn du 5 Mal hinfällst,
steh 6 Mal auf.

Was habe ich heute gelernt?

Mein Tag

Datum:

Wofür bin ich heute dankbar?

Schreibe oder male darüber!

Wie fühle ich mich heute?

Gut gesagt:
„Lass dich nicht unterkriegen, sei frech und wild und wunderbar!“
– Quelle unbekannt

Was müsste ich morgen tun, damit ich stolz auf mich bin?

Mein Tag

Datum:

Wofür bin ich heute dankbar?

Wie fühle ich mich heute?

Was ist eigentlich ... Neugier?

→ Wenn du ganz viel wissen möchtest und viele Fragen stellst.

Das liebe ich an mir:

Gedanken, die meine Stimmung vermiesen:

Schreibe sie in die Wolken und male das Bild aus!

Gedanken, die mir super Laune machen:

Ohne Regen würde es keinen Regenbogen geben. Ohne Traurigkeit keine Freude!

Male aus!

Die unterschiedlichen Zwillinge

Paulo hat in der Schule gerade eine schwere Zeit. Seit Kurzem sitzt er im Matheunterricht in der Ecke der „Stressmacher". Paulos Banknachbar Philipp meckert über jede Aufgabe und nennt die Lehrerin leise „eine alte Kuh". Außerdem quatscht er pausenlos dazwischen. Fine und Boris hänseln ständig Lara, weil sie eine große Brille trägt. Eigentlich würde Paulo im Unterricht gerne aufpassen. Und Lara findet er in Ordnung. Doch die Stressmacher Philipp, Fine und Boris sind größer als er, deshalb sagt er lieber nichts. Manchmal macht er ihre miesen Späße sogar mit.

Aber eigentlich fühlt Paulo sich nicht gut damit. „Irgendwann bin ich dann auch so ein Stressmacher und Meckerfritze", sagt er missmutig, als er nach Hause kommt. Minuti fährt gerade auf Paulos Drehstuhl Karussell. „Außerdem werde ich das Bruchrechnen nie kapieren, wenn ich weiter neben diesen Blödköpfen sitzen muss. Dann werde ich niemals Astronaut." Papa hat ihm nämlich erklärt, dass Astronauten besonders gut in Mathe sein müssen.

„Weißt du was", sagt Minuti, noch etwas duselig vom Drehen, „es gab einmal zwei Zwillinge bei uns im Minuti-Land. Sie glichen sich wie ein Ei dem anderen. Sie lebten im selben Wald in derselben Höhle, aßen dasselbe Frühstück, gingen in dieselbe Waldschule und hatten natürlich denselben Papa und dieselbe Mama. Der Papa machte ihnen jeden Tag das Leben schwer. Immer meckerte er über irgendetwas. Zum Beispiel über das Wetter. Mal regnete es ihm zu viel, mal zu wenig. Mal schien ihm die Sonne zu stark oder nicht genug. Er schimpfte über das Essen, weil es nicht süß genug oder zu salzig war. Er nannte die anderen im Wald Armleuchter, weil sie ihn nicht beachteten oder weil sie zu viel über ihn redeten. Trotzdem wollte der Vater der Zwillinge den Wald nie verlassen, denn außerhalb des Waldes – da war er sich sicher – waren die Leute noch viel schlimmer. Er fand immer was zu meckern.

Der eine Zwilling dachte irgendwann: „Mein Vater hat recht. Es regnet wirklich zu viel oder zu wenig. Die Sonne scheint wirklich zu stark oder zu schwach." Auch er fand, das Essen könnte süßer oder salziger sein. Und wenn der Vater sagte, die anderen Leute im Wald seien Armleuchter, dann stimmte ihm der Zwilling zu.

Der andere Zwilling aber wollte sich nicht ständig ärgern. Er suchte lieber Wege, wie er sich freuen konnte. Wenn das Essen nicht süß genug war, tat er sich einen Löffel Honig hinein. Wenn es regnete, blieb er in der Höhle und las Comic-Hefte. Wenn die Sonne schien, ging er zum Baden in den See. Jeden Tag suchte sich dieser Zwilling etwas, was ihm gefiel. Und als er alt genug war, da ging er fort aus dem Wald. Er wollte nämlich wissen, wie die Leute außerhalb des Waldes so lebten und was es sonst noch so gab auf der Welt.

„Und dieser Zwilling bin ich", erklärt Minuti. „Nur weil ich etwas Neues ausprobiert habe, habe ich dich kennengelernt. Das ist doch super, oder?"

Paulo steht der Mund offen vor Staunen.

So wie die Minuti-Zwillinge, hast auch du immer eine Wahl. Jeden Tag stehst du vor vielen kleinen und großen Entscheidungen. Und jedes Mal kannst du selbst bestimmen, welchen Weg du wählst. Erinnerst du dich noch an das Wachstumsdenken aus der ersten Geschichte? (siehe S. 28–35)

Starres Denken:

Weil die Menschen in deiner Nähe ständig meckern und alles schwarz malen, tust du es auch. So bleibt dein Gehirn starr und wächst kaum. Weil dir immer etwas fehlt, könnte man dich einen Minus-Menschen nennen.

Wachstumsdenken:

Auch wenn die Menschen um dich herum ständig meckern und motzen, triffst du eine andere Wahl. Du suchst lieber nach allem, was sich gut anfühlt und dein Leben bunter macht. So bleibst du neugierig und lernst immer wieder neue Dinge. Dein Gehirn wird mit guten Gedanken gefüttert und wächst ständig. Weil du immer etwas Gutes entdeckst, bist ein Plus-Mensch.

Alles im Blick

Ein Minus-Mensch ist ein Mensch, der oft das Schlechte im Leben sieht. Für all das Gute ist er blind. Schurken sind oft Minus-Menschen. Superhelden sind Plus-Menschen, so wie Spiderman. Sie sehen das viele Gute im Leben, auch wenn manchmal blöde Dinge passieren. Bist du ein Plus-Mensch, der das Gute im Leben fest im Blick hat? Dann schreibe die guten Sachen in die freien Felder!

Wenn es viel regnet, gucken wir oft gemütlich einen Film :)

Spiel des Lebens

1. Male ein Bild über diese zwei Seiten, das dir Spaß macht.
2. Nimm dir jetzt andere Stifte und krakel über dein eigenes schönes Bild, bis es nicht mehr zu erkennen ist.
3. Jetzt kannst du wieder andere Stifte nehmen, um aus deinem Gekrakel etwas Neues, Schönes zu malen. Dafür brauchst du nicht mal ein Radiergummi.

Genau so kann es im Leben auch passieren. Alles läuft super und du bist total glücklich. Manchmal läuft aber etwas schief und das macht dich traurig. Das ist vollkommen normal und okay. Jetzt weißt du, du kannst ganz kreativ das Beste aus einer blöden Situation machen.

Mein Tag

Datum:

Wofür bin ich heute dankbar?

Schreibe oder male darüber!

Wie fühle ich mich heute?

Was ist eigentlich … Selbstbewusstsein?

Wenn du keine Angst davor hast, so zu sein, wie du bist und daran glaubst, alles lernen zu können, solange du dein Bestes gibst.

Was habe ich heute gelernt?

Mein Tag

Datum:

Wofür bin ich heute dankbar?

Wie fühle ich mich heute?

Mutprobe:
Wann warst du das letzte Mal mutig? Stell dich jetzt mit einer Decke oder einem Handtuch über den Schultern vor einen Spiegel und posiere wie ein Superheld oder eine Superheldin. Denk dabei an das mutige Gefühl, das du zuletzt hattest!

Heute bin ich stolz auf mich, weil ich ...

- ... jemandem geholfen habe.
- ... mich richtig doll angestrengt habe.
- ... aus etwas Blödem etwas Tolles gemacht habe.
-

Mein Tag

Datum:

Wofür bin ich heute dankbar?

Schreibe oder male darüber!

Wie fühle ich mich heute?

Was ist eigentlich ... Gelassenheit?
Wenn du nicht wütend wirst, wenn etwas nervig ist, sondern erst mal ein- und ausatmest.

Etwas Tolles, das heute passiert ist:

Mein Tag

Datum:

Wofür bin ich heute dankbar?

Wie fühle ich mich heute?

Werde gehört!

Sprich nicht lauter, damit man dich hört. Überzeuge besser, damit man dich versteht.

Etwas Schwieriges, das ich diese Woche geschafft habe:

Mein Tag

Datum:

Wofür bin ich heute dankbar?

Schreibe oder male darüber!

Wie fühle ich mich heute?

Was ist eigentlich … Stärke?

Wenn du etwas machst, das anfangs anstrengend ist, dir aber später leicht fällt.

Was mögen alle Menschen auf dieser Welt?

Merk ich mir:

Ein aufrichtiges Lächeln ist ein kostenloses Geschenk, das du für kein Geld der Welt kaufen kannst.

Mein Tag

Datum:

Wofür bin ich heute dankbar?

Schreibe oder male darüber!

Wie fühle ich mich heute?

Kreativer Spaß:

„Kreativität ist Intelligenz, die Spaß macht."
– Quelle unbekannt

Wie habe ich diese Woche jemandem geholfen?

Mein Tag

Datum:

Wofür bin ich heute dankbar?

Wie fühle ich mich heute?

Gut gelacht:
Wenn wir zusammen lachen, schrumpft irgendwo eine Sorge.

Was habe ich heute gelernt?

Mein Tag

Datum:

Wofür bin ich heute dankbar?

Schreibe oder male darüber!

Wie fühle ich mich heute?

Was ist eigentlich … Wachstum?

Wenn du immer größer wirst, mehr weißt und auch aus Fehlern lernst, um es beim nächsten Mal anders zu machen.

Was müsste ich morgen tun, damit ich stolz auf mich bin?

Mein Tag

Datum:

Wofür bin ich heute dankbar?

Wie fühle ich mich heute?

Alles fängt klein an:

Jeder große Baum war
mal ein kleines Pflänzchen.

Etwas, das ich an mir liebe:

Die vier Jahreszeiten

Wofür bist du den vier Jahreszeiten dankbar?

Sommer

Eis

Herbst

Drachen steigen lassen

Frühling

Alles wird bunt

Winter

Schlitten fahren

Gute Zeiten & schlechte Zeiten

Gute und schlechte Zeiten sind wie Sommer und Winter. Sie wechseln sich ab. Trotzdem haben beide Jahreszeiten ihre tollen Seiten! Beantworte die Fragen und finde heraus, was du alles Gutes in einer blöden Zeit finden kannst.

Welche Situation war total blöd für dich?

Was hast du getan, um dich besser zu fühlen?

1. ______________________

   ____

2. ______________________

   ____

Wer hat dir in dieser Zeit geholfen, dich besser zu fühlen?

Male die Menschen und schreibe die Namen darunter.

Minuti

Wo warst du gerne, um dich besser zu fühlen?

Wo noch?

- ☐ mein Zimmer
- ☐ meine Schule
- ☐ ______
- ☐ Zuhause
- ☐ beim Sport
- ☐ ______
- ☐ bei Freunden
- ☐ im Garten
- ☐ ______

Welche guten Gedanken haben dich aufgemuntert?

Mein Tag

Datum:

Wofür bin ich heute dankbar?

Schreibe oder male darüber!

Wie fühle ich mich heute?

Probier's mal mit Gemütlichkeit:
Errichte eine Höhle aus Stühlen, Decken, Kissen und allem, was sich für ein kuscheliges Plätzchen eignet. Lade deinen besten Freund oder deine beste Freundin ein und genießt gemeinsam die selbstgebaute Höhle.

Was habe ich heute gelernt?

Mein Tag

Datum:

Wofür bin ich heute dankbar?

Wie fühle ich mich heute?

Lach dich süß:
Lachen ist Schokolade für das Herz.

Heute bin ich stolz auf mich, weil ich …

- … mich bei jemandem bedankt habe.
- … heute etwas Neues ausprobiert habe.
- … für meine Freunde da war.
-

Mein Tag

Datum:

Wofür bin ich heute dankbar?

Schreibe oder male darüber!

Wie fühle ich mich heute?

Spruch des Tages:

„Von allen Welten, die der Mensch erschaffen hat, ist die der Bücher die gewaltigste."

– Heinrich Heine

Etwas Tolles, das heute passiert ist:

Mein Tag

Datum:

Wofür bin ich heute dankbar?

Wie fühle ich mich heute?

Gut gesagt:

„Um klar zu sehen, reicht oft ein Wechsel der Perspektive."

– Antoine de Saint-Exupéry, „Der Kleine Prinz"

Was traue ich mich, wovor andere Angst haben?

Mein Tag

Datum:

Wofür bin ich heute dankbar?

Schreibe oder male darüber!

Wie fühle ich mich heute?

Eine Weisheit:

„Ein Mensch mit schönen Gedanken kann niemals hässlich sein."

– Roald Dahl

Etwas Schwieriges, das ich diese Woche geschafft habe:

Eine besondere Rechenaufgabe:

„Glück ist das Einzige, das sich verdoppelt, wenn man es teilt."

– Quelle unbekannt

Mein Tag

Datum:

Wofür bin ich heute dankbar?

Schreibe oder male darüber!

Wie fühle ich mich heute?

Deine Spezialeffekte:
Was dich anders macht, ist was dich ausmacht.

Wie habe ich diese Woche jemandem geholfen?

Mein Tag

Datum:

Wofür bin ich heute dankbar?

Wie fühle ich mich heute?

Eigenartig einzigartig:

Was an dir finden manche Menschen komisch? Findest du diese Eigenart auch komisch, wenn andere sie nicht komisch fänden? Schreibe deine Eigenarten auf ein Blatt Papier und benutze für jede Eigenart einen anderen farbigen Stift.

Was habe ich heute gelernt?

Mein Tag

Datum:

Wofür bin ich heute dankbar?

Schreibe oder male darüber!

Wie fühle ich mich heute?

Lernen und verstehen:

„An allem Unfug, der passiert, sind nicht etwa nur die schuld, die ihn tun, sondern auch die, die ihn nicht verhindern."

– Erich Kästner *

Was müsste ich morgen tun, damit ich stolz auf mich bin?

* Erich Kästner, Das fliegende Klassenzimmer © Atrium Verlag AG, Zürich 1935

Mein Tag

Datum:

Wofür bin ich heute dankbar?

Wie fühle ich mich heute?

Alles ist anders, bis wir es kennenlernen:
Wenn du offen bist für anderes,
wirst du immer etwas Neues lernen.

Das liebe ich an mir:

Blubbablubb

Was hilft dir, wenn du traurig oder wütend bist? Eine Umarmung? Gute-Laune-Musik? Ein Schrei in dein Kissen? Schreibe es in die Blubberblasen.

Ein Purzelbaum

FÜR NOTFÄLLE:

Wenn du sehr traurig oder wütend bist, sag ganz laut „Blubbablubb!“ und lies dir die Blasen durch, um dich von dir selbst etwas trösten zu lassen.

Alles & Mehr

Finde für jeden einzelnen Buchstaben von dem Wort „DANKESCHÖN" Menschen, Tiere und Dinge, für die du dankbar bist.

D Dinos

A

N

K Kino

E

S

C

H

Ö → Nimm lieber ein O wie Opa, das ist einfacher!

N

Achterbahn fahren

Schokolade

Harry Potter

MEINE ERFOLGE

Welche kleinen und großen Dinge hast du schon in deinem Leben gelernt? Schreibe sie in diesen Kopf hinein.

Zum Beispiel Laufen!

MEINE ZIELE

Welche Dinge willst du noch lernen? Schreibe sie außerhalb des Kopfes auf.

Zum Beispiel Sternbilder lesen!

Mein Tag

Datum:

Wofür bin ich heute dankbar?

Schreibe oder male darüber!

Wie fühle ich mich heute?

Was ist eigentlich … Tugend?
Wir versuchen, danach zu leben, um gute Menschen zu sein. Tugenden sind zum Beispiel Hilfsbereitschaft, Ehrlichkeit und Akzeptanz.

Was habe ich heute gelernt?

Mein Tag

Datum:

Wofür bin ich heute dankbar?

Wie fühle ich mich heute?

Tipp des Tages:
Tu immer das Richtige, auch wenn niemand zuschaut.

Heute bin ich stolz auf mich, weil ich ...

- [ ] ... jemandem ein Kompliment gemacht habe.
- [ ] ... etwas gemacht habe, das mich glücklich macht.
- [ ] ... etwas aus einem Fehler gelernt habe.
- [ ] ______________________________

Mein Tag

Datum:

Wofür bin ich heute dankbar?

Schreibe oder male darüber!

Wie fühle ich mich heute?

Weise Worte:

„Wenn du es dir vorstellen kannst, kannst du es auch machen."

- Walt Disney (Zeichner & Erfinder von Micky Maus)

Etwas Tolles, das heute passiert ist:

Mein Tag

Datum:

Wofür bin ich heute dankbar?

Wie fühle ich mich heute?

Gut gesagt:

„Phantasie ist wichtiger als Wissen, denn Wissen ist begrenzt."

– Albert Einstein

Wie habe ich diese Woche jemandem geholfen?

Wow, dein Buch ist fast voll!

Dein Tagebuch begleitet dich nur noch wenige Tage. Hat dir die Reise gefallen? Wenn ja, dann besorg dir rechtzeitig ein neues *6-Minuten Tagebuch*. Auf Seite 194 kannst du sogar eine neue Farbe auswählen.

Mein Tag

Datum:

Wofür bin ich heute dankbar?

Wie fühle ich mich heute?

Ein Stern für …

Denk an einen deiner Lieblingsmenschen. Male einen großen Stern auf ein Blatt Papier und schreibe den Namen dieses Menschen hinein. Hänge den Stern neben dein Bett und freue dich, dass dieser Mensch Teil deines Lebens ist.

Bei wem kann ich wirklich ich selbst sein?

Mein Tag

Datum:

Wofür bin ich heute dankbar?

Schreibe oder male darüber!

Wie fühle ich mich heute?

Was ist eigentlich ... Konzentration?
Wenn du eine Weile lang nur eine einzige Sache machst, anstatt viele gleichzeitig.

Wie habe ich diese Woche jemandem geholfen?

Mein Tag

Datum:

Wofür bin ich heute dankbar?

Wie fühle ich mich heute?

Was ist eigentlich … Potenzial?

Es ist wie ein leeres Sparschwein für alles, das du lernen kannst. Du besitzt es schon und kannst es mit Übung immer weiter füllen.

Was habe ich heute gelernt?

Mein Tag

Datum:

Wofür bin ich heute dankbar?

Schreibe oder male darüber!

Wie fühle ich mich heute?

Merk ich mir:

„War es nicht sonderbar, dass so wenig so glücklich machen konnte?"
– Astrid Lindgren in „Ronja Räubertochter"

Was müsste ich morgen tun, damit ich stolz auf mich bin?

Mein Tag

Datum:

Wofür bin ich heute dankbar?

Wie fühle ich mich heute?

Stell dir vor …

… du müsstest für eine Woche auf einer einsamen Insel leben, auf der es genug zu essen und zu trinken gibt. Du darfst nur 6 Sachen mitnehmen. Was würdest du mitnehmen? Such dir einen Karton und pack deine 6 Sachen hinein.

Etwas, das ich an mir liebe:

Finger-Piano

Kennst du schon das Minuti-Lied? Spiele Klavier auf diesen Seiten und versuche als Erstes, M-I-N-U-T-I zu spielen. Summe dabei die Buchstaben mit und übe es 5 Mal hintereinander.

Spiele danach deinen eigenen Namen und die Namen deiner Familie und Freunde! Deine liebsten Superhelden und -heldinnen gehen auch!

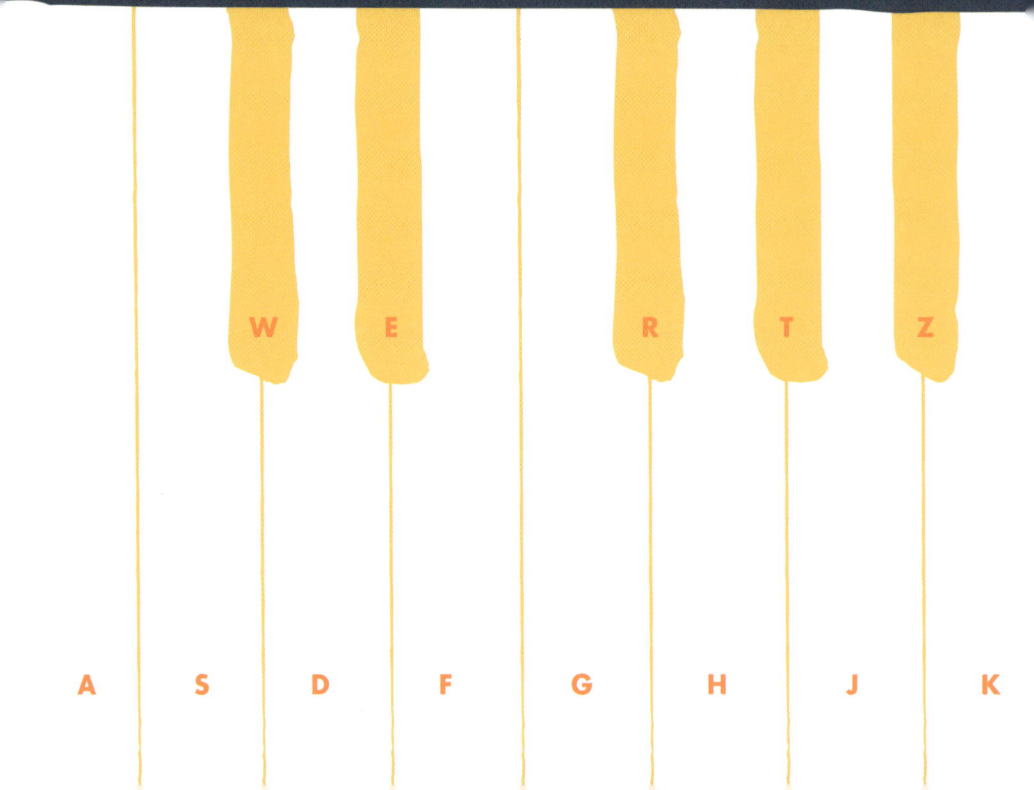

Hier ein paar Wörter und Sätze, die du üben kannst:

- Blubbablubb
- Ich mag mich.
- Wer nicht fragt, bleibt dumm.

Was fällt dir noch ein?

Hier & Jetzt

Dir ist bestimmt auch mal langweilig, oder? Benutze dann ganz bewusst all deine Sinne und schaue, was es Cooles in deiner Umgebung zu entdecken gibt!

BEOBACHTE! Welche 5 Dinge siehst du?

1. ______________________
2. ______________________
3. ______________________
4. ______________________
5. ______________________

LAUSCHE! Welche 4 Dinge hörst du?

1. ______________________
2. ______________________
3. ______________________
4. ______________________

→ BERÜHRE! Welche 3 Dinge spürst du?

1. ______________________________
2. ______________________________
3. ______________________________

→ SCHNUPPERE! Welche 2 Dinge riechst du?

1. ______________________________
2. ______________________________

→ PROBIERE! Welche 1 Sache schmeckst du?

1. ______________________________

Mein Tag

Datum:

Wofür bin ich heute dankbar?

Schreibe oder male darüber!

Wie fühle ich mich heute?

Was ist eigentlich ... Optimismus?
Wenn du glaubst, dass etwas Tolles passieren wird oder dass du etwas schaffen wirst, obwohl es sehr schwierig ist.

Was habe ich heute gelernt?

Mein Tag

Datum:

Wofür bin ich heute dankbar?

Wie fühle ich mich heute?

Ein bisschen Spaß muss sein:
Es macht mehr Spaß, unter einer Wolke zu duschen als im Regen zu stehen.

Heute bin ich stolz auf mich, weil ich …

- … jemandem geholfen habe.
- … mich richtig doll angestrengt habe.
- … aus etwas Blödem etwas Tolles gemacht habe.
-

Mein Tag

Datum:

Wofür bin ich heute dankbar?

Schreibe oder male darüber!

Wie fühle ich mich heute?

Coole Kids:

Was ist cool daran, ein Kind zu sein?
Frag verschiedene Erwachsene, was sie am Kindsein cool finden.

Etwas Tolles, das heute passiert ist:

Mein Tag

Datum:

Wofür bin ich heute dankbar?

Wie fühle ich mich heute?

Deine etwas andere Welt:

Dein Stift ist dein Zauberstab: Was würdest du in unserer Welt anders machen, wenn du zaubern könntest? Male ein Bild und zaubere mit deinem Stift deine magische Welt auf ein Blatt Papier!

Was habe ich heute gelernt?

Mein Tag

Datum:

Wofür bin ich heute dankbar?

Schreibe oder male darüber!

Wie fühle ich mich heute?

Ahoi, Brause!

Nimm etwas Brausepulver in den Mund. Spüre von rechts nach links, was in deinem Mund passiert. Kannst du mit dem Brausepulver einen Witz erzählen?

Etwas Schwieriges, das ich diese Woche geschafft habe:

Tausend kleine Tröpfchen werden zu einem riesigen Ozean.

Die Krönung zum Schluss

Wow. Dein Tagebuch ist jetzt voll und das warst nur DU und DEIN Tun. Das ist DEIN ganz persönlicher Erfolg und deine offizielle Krönung zum Tagebuch-Held.

Du kannst wirklich stolz auf dich sein!

Wie stolz bist du gerade auf dich selbst:

Ein bisschen stolz.

Ziemlich stolz.

Was hat dir am Tagebuchschreiben am meisten Spaß gemacht?

Was hast du durch das Tagebuch alles gelernt?

Wofür bist du dem Tagebuch besonders dankbar?

Was möchtest du zum Abschluss unbedingt noch sagen?

Sehr stolz!
Ultra, super, mega stolz!
Klebe hier ein Foto von dir ein, mit dem Tagebuch als deine feier-liche Krone auf dem Kopf.
Knie nieder! Ich meine: Gut gemacht!

Ende aus, Micky Maus!

Welche Farbe wählst du als Nächstes? Kreuze an! → ☐ Koralle!

Petrol!

Wünsch dir ein neues *6-Minuten Tagebuch* in deiner Lieblingsfarbe und erlebe weiterhin Abenteuer mit Paulo und Minuti!

Nutze die Seiten frei und wild, nach Lust und Laune!

Vielen DANK!

6-Minuten-Team: Danke an mein großartiges *6-Minuten Tagebuch*-Team, das ein Jahr lang mit zwei Portionen Spaß und drei Portionen Begeisterung an diesem Herzensprojekt gearbeitet hat: Sevnur Acar, Maria Gottwig, Daniel Dzienian, Giang Pham, Afag Meyer und Amelie Haupt.

Experten-Team: Danke für die Zusammenarbeit mit unseren grandiosen Experten. Mit ihnen verbindet uns vor allem eins: die gemeinsame Mission, Kindern einen Raum zu geben, in dem sie mit Begeisterung das entdecken und entwickeln können, was bereits in ihnen steckt. Dazu gehören: Herta Winkelmeyer (Lerntherapeutin, unsere Schnittstelle zu den Kinderherzen), Dr. Judith Mangelsdorf (Psychologin, Wegbereiterin der Positiven Psychologie), Dr. Elke Paul (Erlebnispädagogin, Vorreiterin für Positive Bildung), Dr. Christin Çelebi (Psychologin, Leiterin des Bereichs Positive Education an der Deutschen Gesellschaft für Positive Psychologie), Dr. Ernst Fritz-Schubert (der Gründervater des Schulfaches Glück in Deutschland).

Wissenschaftler: Danke an die Psychologen und Wissenschaftler, die mit ihren Büchern, Studien & Doktorarbeiten die Vorarbeit, für dieses Buch geleistet haben, ganz besonders Dr. Carol Dweck.

Kinder: Zu guter Letzt ein riesiges DANKE an alle Kinder, die uns tatkräftig zur Seite standen. Egal ob zu Hause oder in der Schulklasse, es hat riesigen Spaß gemacht, die Bücher mit euch zusammen auszufüllen. Ohne euch wäre dieses Buch nicht das, was es heute ist.

Autor: Dominik Spenst

Lektorat & Textarbeit: Daniel Dzienian, Giang Pham
& Amelie Haupt

Gesamtkonzept: Dominik Spenst & Sevnur Acar

Gestaltungskonzept & Design: Sevnur Acar & Maria Gottwig

Illustration: Maria Gottwig

Inspiration im Blog:
Kreative Tipps & wissenschaftlich fundierte Beiträge für ein resilienteres, selbstbewussteres & glückliches Leben: 6minutenverlag.de

Paulo & Minuti sollen in dein Klassenzimmer? Für Klassen bieten wir Sonderkonditionen:

6minutenverlag.de/fuerschulen